Guía definitiva para perder grasa y ganar definición muscular

INFORMACIÓN TECNICA Y RUTINAS

JESÚS ARMANDO PEÑA L. (ARIS)

Antes de comenzar me gustaría darte las gracias por comprar esta guia y confiarme la responsabilidad de ayudarte en la consecución de tu meta, que es bajar de peso, y mas concretamente, reducir el porcentaje de grasa en tu cuerpo y ayudarte a conseguir una figura mas estética y definida. Además de lo anterior, reducirás la posibilidad de contraer enfermedades relacionadas con la obesidad, como la diabetes, hipertensión, hernias, cardiomegalia (crecimiento del corazón), e incluso, aunque mucho menos preocupante, estrías y varices.

En esta guia voy a romper con algunos mitos que no te permiten progresar en tu objetivo de bajar el porcentaje de grasa corporal y dar forma a tus músculos, además de darte consejos para llevar tus rutinas con el mayor cuidado posible para obtener mejores resultados y menos daños en articulaciones, huesos y tendones. Todo eso siendo breve y conciso.

Decidí que la impresión de esta guía fuera a una sola pagina por hoja*, para que en el reverso puedas tomar **apuntes** para **medir tu progreso**, anotar tu **dieta**, escribir tus **medidas** de brazo, cintura, cadera, pecho, piernas, cuello., llevar **registro de los pesos** que levantas y las **repeticiones** que haces. Además, te sugiero escribir una **declaración realista** sobre tus **metas** a corto, mediano y largo plazo referentes al gimnasio y tu físico, para que puedas leerlas **a diario** y **mantener la motivación**. Por ejemplo:

Voy a reducir este mes al menos ___ centímetro(s) mis medidas, cuidar mi alimentación para conseguir un progreso constante y hacer las rutinas sin faltar al gimnasio, respetando los descansos e intensidades indicados. Solo comeré "chucherías" los domingos, y el resto de la semana mantendré bajo

mi consumo de carbohidratos, especialmente azucares.
El día ___ saldré de vacaciones y utilizaré (tal ropa)_____ , por lo que llevaré una dieta baja en carbohidratos y me esforzaré aún mas en mi rutina. .

* La impresión a una sola hoja puede variar en los formatos de Kindle. Aún así puedes aprovechar la idea y tomar apuntes en un cuaderno.

La razón por la que prefiero decir que lo que intentamos es bajar el porcentaje de grasa corporal y no bajar de peso, es porque es precisamente lo primero lo que deseamos, y esta bajada de porcentaje de grasa corporal viene acompañada de un crecimiento muscular, que puede darnos la impresión en la bascula de que no ha habido progreso, pues <u>el peso se puede mantener igual por mucho tiempo aún cuando nuestro porcentaje de grasa corporal ha disminuido.</u>

Tu método para bajar de peso consistirá en tres hábitos muy importantes:

- Buena alimentación
- Ejercicio físico anaeróbico
- Ejercicio físico aeróbico HIIT o similar.

Dedicaré un capitulo a cada uno de estos hábitos.

Antes de esto he mencionado la palabra dieta una sola vez, y hay una razón importante para hacerlo.

Para crear un buen habito, debemos comenzar con pasos pequeños, pues de lo contrario podemos cansarnos mucho antes de empezar a ver resultados, y habremos hecho sacrificios que no valieron la pena. Por eso, al hablar de buena alimentación no me referiré a ella como dieta, ni te programaré un plan alimenticio restrictivo. Si bien es cierto que la ayuda de un nutriólogo te puede beneficiar, la guía que te daré aquí será un buen punto de inicio.

Lo primero, y que seguro ya sabes, es que debemos crear un déficit calórico para poder bajar el porcentaje de grasa corporal.

A grandes rasgos, el cuerpo utiliza en el siguiente orden las fuentes de energía o **macronutrientes**:

Glúcidos o Carbohidratos (SIEMPRE son de origen vegetal)

-Azucares (glúcidos simples)

-Almidones (glúcidos complejos)

-Fibra

Grasa

Proteínas

Los azucares (glúcidos simples) son al final de cuentas la primer fuente de energía del cuerpo, y, de hecho, los carbohidratos, grasas y proteínas son convertidos en glucosa (azúcar) para proveer al cuerpo de energía.

En tu meta de reducir tu porcentaje de grasa corporal, el objetivo será reducir el consumo de azucares al máximo, pues, a pesar de darte un pico de energía bastante elevado, lo cual puede parecer bueno al principio, después de dicho pico te traerá problemas de cansancio, además de que el exceso es convertido por la insulina y ciertas enzimas, en grasa que se almacena en el tejido adiposo.

Con los carbohidratos o glúcidos en general, la historia es la misma. Aunque su consumo es necesario para dar energía en las funciones metabólicas, convirtiéndose en glucosa, y por lo mismo no se pueden eliminar de tu dieta, es importante reducir su consumo, especialmente cuando se trata de carbohidratos simples. No es el consumo de carbohidratos la causa de la acumulación de grasa, sino su consumo en exceso y la falta de gasto calórico.

Puedes comenzar por eliminar cuanto puedas los glúcidos simples o azucares. Digo cuanto puedas y no del todo, porque incluso las frutas los contienen, pero aún así se recomienda su consumo por su contenido de vitaminas y fibra. También se recomienda aumentar el consumo de alimentos ricos en fibra como el arroz, pasta y harina integrales, no tanto porque contengan menos carbohidratos (que no es así) sino porque la fibra da sensación de saciedad además de mejorar la digestión y reducir el nivel de colesterol.

No te digo que tires toda tu despensa y vayas corriendo a reemplazar todo por alimentos integrales. Comienza con lo que tienes, reduce las cantidades de carbohidratos de tu dieta y sobre todo, elimina tanto como sea posible los carbohidratos simples o azucares.

Lo siguiente es <u>reducir</u> el consumo de grasas saturadas y trans (margarina, mantecas, lácteos y grasas animales) y preferir e incluso aumentar el consumo de grasas mono insaturadas y poliinsaturadas, como las que se encuentran en la mantequilla (aunque también hay que limitarla), nueces, aguacates, semillas y legumbres., aceites de maíz, girasol, soja y ajonjolí.

Sobre las **proteínas** se recomienda consumir de **1.4g a 1.8g por kilo de peso corporal**, distribuidas en tus comidas diarias, preferiblemente provenientes de huevos, aves y pescado, aunque se puede consumir moderadamente carnes rojas.

Se dice que el desayuno es la comida mas importante del día. Sin embargo, se recomienda para nuestro propósito de disminuir la grasa corporal, y para bajar la resistencia a la insulina, hacer ayunos intermitentes, o sea, saltarse el almuerzo.

Existen formas de medir tu consumo de estas fuentes de energía (carbohidratos, grasa y proteínas). La mas recomendable es utilizar una aplicación dedicada a ello. Yo recomiendo la aplicación para Android, "Macros" de JosmanTek. En ella puedes ingresar tu perfil: Altura, peso, sexo, edad, tipo de actividad y objetivo de tu dieta. Te hará un calculo aproximado de tu metabolismo Basal, o sea, el contenido calórico que tu cuerpo necesita únicamente para vivir, sin actividades físicas. Te arroja tu índice de masa corporal (que no es muy relevante cuando hablamos de construir volumen muscular). También dice una aproximación a tu porcentaje de grasa corporal, la cual puedes refinar con las medidas que te pide., y tu requerimiento diario de agua y requerimiento calórico diario.

Hay que entender que los macronutrientes (carbohidratos, grasa y proteínas) contienen calorías. Así que la finalidad de esta aplicación es distribuir tu requerimiento calórico diario en estos tres macronutrientes, dando prioridad a alguno y reduciendo otro. Por ejemplo en una dieta baja en carbohidratos se propone que el 25% de *tus calorías provengan de carbohidratos, el 40% de proteínas y el %35 de grasas.*

Por ultimo, después de elegir tu tipo de dieta o distribución de macronutrientes, tu tarea será apuntar en dicha aplicación todas tus comidas para saber como va tu meta diaria. Sobre todo para poder decidir dejar de comer alguno de eso macronutrientes el resto del día o aumentar alguno.

Aunque tus buenos hábitos alimenticios son la base sobre la que comienza la perdida de grasa corporal, no podrás lograrlo si no hay un aumento de gasto calórico. Ahí es donde entra en juego la actividad física, específicamente el ejercicio anaeróbico y aeróbico.

Antes de adentrarnos a hacer rutinas hay que entender varias ideas simples pero muy importantes.

Distingo los ejercicios anaeróbicos de los aeróbicos y los ordeno de esa forma porque es importante empezar la rutina con ejercicios anaeróbicos (pesas) y terminar con ejercicios aeróbicos (spinning, cardio, HIIT, box, tabata, etc...). La razón es que los ejercicios anaeróbicos consumirán rápidamente las fuentes de energía primarias del cuerpo, comenzando por los azucares (glúcidos simples), seguido de glúcidos compuestos, además de utilizar muy rápido las reservas de energía del cuerpo, el glucógeno, que tiene forma de grasa y se almacena bajo la piel.

Para que lo anterior sea posible, es necesario que el ejercicio sea <u>intenso</u>, con pesos de moderados a altos, y con descansos cortos, máximo de un minuto. Según la adaptación que poseas al ejercicio, se pueden preferir rutinas simples, de un ejercicio por vez, o rutinas de triseries o circuitos para aumentar el tiempo de frecuencia cardiaca alta. Si no se desafía al cuerpo con pesos moderados a altos, descansos cortos y frecuencias cardiacas altas, es posible que se consiga adaptación muy rápidamente y se detengan los resultados.

Un error común de muchos instructores de gimnasio, es el de no aumentar la carga de ejercicio a las mujeres, ni en fuerza ni en potencia ni en resistencia, por subestimarlas y creerlas débiles, lo cual definitivamente no son. **¡Las mujeres no son débiles!** Aun así podemos ver, y espero no sea tu caso, mujeres que tras años en el gimnasio cargan como la primera vez, descansan como si no estuvieran en el gimnasio, y sus cuerpos no muestran los años que tienen entrenando.

Aún con lo anterior, es obvio que el aumento de peso, intensidad y resistencia deben ser progresivos, no inmediatos, pues el aumento exagerado y repentino puede traer problemas graves al sistema cardiorrespiratorio y musculo esquelético. Si aún así no tienes idea de cómo progresar, te daré una guía al llegar a las rutinas en este mismo manual.

Se recomienda que al terminar tu rutina de ejercicio anaeróbico (pesas), se haga ejercicio aeróbico. Mencioné el cardio para facilitar la explicación, pero quiero aclarar que lo que se entiende en un gimnasio por cardio (caminar, trotar, andar en bicicleta o bicicleta elíptica), no tiene resultados mas que en el corto plazo debido a la adaptación metabólica.

La adaptación metabólica es, en resumen, que el cuerpo se acostumbra a un tipo de ejercicio, como trotar, caminar, andar en bicicleta o elíptica, y gestiona los recursos del cuerpo, tanto energéticos como musculares, para **hacer el mismo trabajo con la menor cantidad de recursos (energéticos y musculares)**. Por lo tanto, aunque en un principio hayas notado que perdiste grasa corporal haciendo alguno de ellos, **en el mediano/largo plazo no notarás mucha diferencia.**

La idea para romper con dicha adaptación consiste en hacer **ejercicios de alta intensidad en intervalos**. Donde se juegue con la frecuencia cardiaca, aumentándola y disminuyéndola por medio de cambiar la intensidad del ejercicio en intervalos de tiempo.

Existen rutinas llamadas "**HIIT**", que son básicamente eso. Aún así, no son una novedad, ni es necesario que se busque ese tipo de rutinas. Según tus preferencias puedes decidir hacer HIIT u otro tipo de ejercicios que contengan esos intervalos, como el box, spinning, rushfit (buscar en youtube), tabata, saltar la cuerda, correr y trotar, etc...

Haciendo pesas y ejercicios aeróbicos basados en la intensidad alta en intervalos, te aseguro que tu progreso será mucho mas rápido y constante, conseguirás el cuerpo que deseas tener, mejorará tu salud y rendirás mas en tu vida cotidiana.

A continuación te presento algunas rutinas de pesas, además de explicarte la mejor forma de ejecutarlos para impedir lesiones.

Según tu nivel en el gimnasio, puedes hacer una u otra rutina. Todas tienen como propósito el bajar de peso y definir los musculos. La primera es una rutina general, similar a las de acondicionamiento. La segunda se enfoca principalmente en las piernas por ser un área importante tanto en hombres como en mujeres, aunque no se descuida el tren superior. Es importante ejecutar los ejercicios con la técnica correcta para progresar mas rápidamente y evitar lesiones.

Si presentas alguna situación especial, un nivel muy elevado de grasa corporal, alguna enfermedad en la columna vertebral, el sistema musculo esqueletico o el sistema cardiorrespiratorio, te sugiero contactarme antes para hacer una evaluación y adaptar una rutina a esas condiciones.

Para calentar, contrario a lo que suelen indicar en los gimnasios, no es recomendable correr por diez minutos, ya que esto agota tus reservas de energía y te impide rendir correctamente durante tu rutina de pesas. Además el espacio de ejercicios aeróbicos está reservado para el final de la rutina.

Mi recomendación es utilizar ejercicios de calistenia (sentadillas con peso corporal, lagartijas, dominadas, etc...) según el musculo que vayas a trabajar ese día, si no, ejecutar el movimiento que harás en tu primer ejercicio, con un peso muy bajo y muchas repeticiones, hasta que los músculos involucrados se calienten. Además, es importante **estirar** los músculos que usarás, pues de esta forma se harán mas flexibles los **tendones** (aponeurosis, ligamentos y fascia) y disminuirás enormemente los riesgos de lesión.

Esta rutina tiene como propósito trabajar todos los grupos musculares el mismo día, para adaptar el cuerpo al ejercicio de pesas. Aunque se manejarán pesos medio-ligeros a medios, la misma rutina se puede utilizar con pesos altos una vez que se haya conseguido un progreso notable. Es una rutina de alta intensidad, incluso entendiendo que está enfocada a principiantes.

Se pretende que los descansos sean cortos, máximo un minuto. Esto permite que se involucren nuevas fibras musculares en lugar de las mismas fibras ya descansadas, además de mantener alta la frecuencia cardiaca.

Los ejercicios de sentadilla y peso muerto son especialmente peligrosos cuando no se hacen correctamente. Por ello, además de este manual, vale la pena preguntar a un instructor la forma correcta de su ejecución.

Para la **sentadilla** se debe mantener la columna derecha, lo cual no significa que la espalda esté en la misma posición al bajar que en la posición inicial. O sea, al bajar hay una ligera inclinación hacia adelante que no hay que evitar, puesto que de otra forma se puede perder el equilibrio y caer. La posición de los pies puede depender de la fisionomía de quien haga la sentadilla. Aún así se recomienda que vayan poco mas afuera de la altura de los hombros, con las puntas ligeramente hacia fuera. Al bajar, se debe procurar que los glúteos vayan lo mas atrás posible, y las rodillas no rebasen la punta de los pies. Además, las rodillas deben ir en la misma dirección que los pies, y no forzarlas a ir hacia delante. La sentadilla entre mas profunda se haga, mejor, pues utiliza además de los cuádriceps, los glúteos y femorales.

Para el **peso muerto** se debe preguntar al instructor la correcta ejecución. Sin embargo, si su explicación parece muy distinta de esta, hay que pedir una segunda opinión: Los pies se ponen ligeramente dentro de la altura de los hombros, las rodillas se flexionan lo suficiente como para que con la columna bien derecha, agachándose se alcance la barra. La columna se debe mantener derecha en todo momento. Las manos sujetan la barra por afuera de la altura de las rodillas.

Al momento de subir se debe tensar el cuerpo (aun con la columna derecha), para permitir que la sola extensión de las piernas levante la barra del suelo, luego se termina el movimiento de subida extendiendo la espalda y haciendo presión en los glúteos y femorales. Para bajar se inclina ligeramente la espalda (con la columna derecha) y se doblan de nuevo las rodillas hasta que la barra toca de nuevo el suelo.

El press militar se puede cambiar por press para hombros con mancuernas si aún no se levantan cargas medias.

En todos los ejercicios se debe hacer tensión en el musculo involucrado siempre que sea posible. En los ejercicios de triceps es posible hacerlo en todo el recorrido. En sentadilla se hace al volver a la posición inicial, y en peso muerto al llegar a la posición de pie, apretando en ambas, glúteos, cuádriceps y femoral.

Día 1		
Ejercicio	**Series**	**Repeticiones**
Sentadilla	3	12-15
Peso muerto	2	12-15
Press militar	3	12-15
Jalón frontal agarre neutral	2	12-15
Press de pecho, banco plano (barra o mancuerna, según puedan)	3	12-15
Curl bíceps c/ mancuernas	4	12-15
Día 3		
Ejercicio	**Series**	**Repeticiones**
Sentadilla	3	12-15
Elevaciones de pelvis	3	12-15
Press inclinado con mancuernas (pecho)	3	12-15
Press Arnold	4	12-15
Remo con mancuernas	4	12-15
Curl con mancuernas	4	12-15
Fondos entre bancos	3	fallo
Día 5		
Ejercicio	**Series**	**Repeticiones**

Sentadilla	3	12-15
Patada trasera con polea	3	12-15
Press pecho con mancuernas	3	12-15
Cristos (bíceps)	3	12-15
Push down (supino y prono)	3	12 x lado
Press francés con mancuernas	4	12

Los principiantes deben ignorar esta **explicación**, pero a medida que se adapten mas a los ejercicios hay que hacer lo siguiente para progresar:

Donde el numero de repeticiones dice 12-15, **no** significa que se deben hacer de doce a quince repeticiones, según puedas. Significa que al iniciar con esta rutina, o al buscar progresar, debes cargar un peso con el que apenas puedas completar doce repeticiones, intentando que en la siguiente sesión de entrenamiento donde hagas el mismo ejercicio, hagas con el mismo peso trece repeticiones o mas. Si con el peso que antes podías hacer doce repeticiones, ahora puedes hacer quince, empiezas de nuevo con un peso mas elevado para apenas lograr hacer doce repeticiones.

Los días de "descanso" pueden utilizarse para trabajar los músculos a los que ponemos menos atención, como pantorrillas, antebrazos, abdomen y trapecio.

Esta rutina está hecha especialmente para personas con mas experiencia en el gimnasio, especialmente quienes han desarrollado demasiada adaptación a su rutina habitual.

Los ejercicios están divididos en triseries, lo que significa que se deben hacer sin descanso entre ejercicios hasta terminar el ultimo. Los descansos pueden ir de uno a tres minutos dependiendo del nivel de cansancio, pero nunca hasta relajarse totalmente.

Prescindimos de la sentadilla no por no ser necesaria sino porque en esta rutina nos enfocaremos un poco mas en la fatiga y en comenzar a dar definición al cuerpo. Si aún deseas hacer sentadillas, eres libre de hacerlo, comenzando 4 series de 15 repeticiones al principio de la rutina de pierna.

La sentadilla cerrada sin peso con apoyo en los talones es precisamente eso, pero hay que añadir a la indicación, que es una sentadilla incompleta, sin bajar totalmente ni subir del todo, sino hasta el punto en que se mantiene la tensión en las piernas. El apoyo en los talones puede hacerse con una tabla, discos de 25 lbs o algo de altura similar, para dar menos impacto a las rodillas.

En el peso muerto rumano se deberá levantar la barra con un peso muerto normal, luego juntar los pies, y sin flexionar las rodillas, inclinar la espalda (con la columna derecha) hasta donde el femoral te permita, y volver a subir. Para descansar la barra en el suelo se puede volver a la posición normal de peso muerto y bajar como indiqué en la rutina anterior.

Ya dije además que es necesario hacer tensión en los músculos siempre que sea posible, así que en esta rutina no hay que olvidar esta indicación.

Las extensiones de cuádriceps son de tres formas, con los pies hacia delante, luego con las puntas pegadas y talones separados, y luego con los talones pegados y las puntas separadas. Esto trabajara los cuádriceps por los tres lados, interno, externo y medio, concretamente para quienes les interese: el musculo tensor de la fascia lata, el vasto lateral, el recto femoral, sartorio y el vasto medial. No es necesario levantar demasiado peso, sobre todo en las extensiones que no son con posición natural, y se prefiere que el movimiento sea controlado, haciendo tensión en los cuádriceps en la posición donde las piernas están extendidas.

La serie descendente consiste en usar un peso relativamente alto para hacer extensiones hasta el fallo (hasta que no se pueda hacer ni una repetición mas) e inmediatamente bajar un poco el peso para continuar haciendo repeticiones al fallo, y así cinco veces. Después descansar el tiempo que sea necesario para recuperarse y hacer una serie de nuevo comenzando con un peso alto.

En el remo con maquina, del día de espalda, la indicación 1,1,1,2,2,2,3,3,3,4,4,4 significa que deberás hacer una repetición con un brazo, luego con el otro brazo, luego con ambos. Después dos repeticiones con un brazo, luego con el otro, y después con ambos, y así hasta llegar a 4 repeticiones con ambos brazos.

Día 1 y 4 (pierna)		
Ejercicio	**Series**	**Repeticiones**
Prensa pies abiertos		12
Prensa pies cerrados		12
Sentadilla cerrada sin peso con apoyo en talones	4	
		20
Elevaciones de pelvis		12
Peso muerto rumano	4	12
Femoral tumbado		12
Extensiones cuádriceps:		12
Puntas pegadas	3	12
Talones pegados		12
Extensiones cuádriceps:	2	Serie descendente 5 pesos
Día 2 y 5 Bíceps, triceps y hombro		
Ejercicio	**Series**	**Repeticiones**
Curl con polea		15
Curl con polea agarre inverso (pronación)	4	15
Push down		15
Push down pronación		15
Skull crashers	4	15
Curl martillo		15
Press con mancuerna para hombro	4	Fallo, peso medio/alto

Ejercicio	Series	Repeticiones
Elevaciones laterales		12
Elevaciones frontales agarre supino		12
Elevaciones dorsales		12
Día 3 (pecho y espalda)		
Ejercicio	**Series**	**Repeticiones**
Press de banca plana		12
Aperturas	4	12
Lagartijas		12
Press inclinado		12
Peck deck	4	12
Jalón frontal abierto		12
Remo con maquina		1,1,1,2,2,2,3,3,3,4,4,4
Remo con mancuerna	4	12
híper extensiones		15

Solo me resta recordar que al terminar estas rutinas es importante realizar ejercicios de alta intensidad a intervalos como HIIT, spinning, box, tabata, rushfit, etc.

Esta rutina tiene como finalidad aumentar la masa muscular, además de mejorar la definición de los músculos. Está diseñada para ser hecha por hombres debido a los pesos que se deben emplear y el numero de repeticiones. Sin embargo, ninguno de los ejercicios es exclusivo para hombres, así que si una mujer desea hacer esta rutina puede cambiar el rango de repeticiones de 12 a 15 con pesos medio/altos pero que no pongan en riesgo su salud física.

En el caso de los hombres, deberán realizar un calentamiento previo a todas las rutinas para evitar el daño en músculos, articulaciones y tendones. Esto ya se indico al principio de las dos rutinas anteriores.

Debo recordar que donde dice 6-8 se trata de levantar pesos donde apenas puedan hacer 6 repeticiones, no mas. Apunten ese peso en un bloc de notas o al reverso de las paginas de este manual, luego el día que repitan la rutina carguen el mismo peso intentando hacer mas de 6 repeticiones. Cuando consigan hacer 8 repeticiones, deben aumentar el peso para de nuevo solo poder hacer 6 repeticiones. Esto permite medir mas fácilmente el progreso, y progresar igualmente con mayor facilidad.

Es importante aclarar y recordar que los descansos en todas las rutinas deben ser cortos, para mantener el ritmo cardiaco elevado y conseguir un mayor gasto calórico, y con ello reducir el porcentaje de grasa corporal.

Bíceps y triceps		
Ejercicio	**Series**	**Repeticiones**
Curl con mancuerna		
Jalón con polea barra recta (triceps)	3	6-8
Curl Martillo con mancuerna		
21's con barra Z		6-8
Press copa	4	
Patada trasera (triceps)		12
Hombro		
Press militar		6-8
Elevaciones laterales	4	12
Elevaciones frontales agarre supino c/ mancuernas		12
Face pull		
Elevaciones dorsales	4	15
Peck deck invertido		
Pecho		
Cruces con polea baja		
Cruces con polea media	4	12
Cruces con polea alta		
Press de pecho banca plana		6-8
Press de pecho inclinado	4	
Aperturas inclinado		12
Espalda		
Dominadas		Fallo
Remo con barra	4	6-8
Jalón frontal		6-8
Peso muerto		
Jalón frontal agarre neutral	4	6-8
Remo sentado		

Pierna		
Extensión	4	20
Prensa abierta		
Prensa cerrada	4	20
Sentadilla sin peso		
Femoral tumbado		15
Peso muerto	4	
Elevaciones de pelvis		6-8

¿Cómo bajo mi porcentaje de grasa corporal?

- Reduciendo tu ingesta de carbohidratos y creando un déficit calórico (consumiendo menos calorías de las que gastas)
- Haciendo ejercicio anaeróbico (pesas) y aeróbico (HIIT)

¿Es verdad que para definir tengo que hacer ejercicios mas ligeros y mas repeticiones?

- No necesariamente. Lo correcto es ejercitarse inteligentemente. Sobre todo ser capaz de hacer los ejercicios con la forma correcta, con el rango de movimiento correcto y con tiempos bajo tensión en lugar de únicamente hacer el movimiento "a lo menso".

¿Es verdad que para aumentar mi masa muscular necesito cargar pesos muy altos?

- No necesariamente. Todos los ejercicios de peso producen hipertrofia. Sobre todo si se ejecutan correctamente, con rangos de movimiento completos, correctos, y un buen tiempo bajo tensión (igual que lo dije en la pregunta anterior), además de descansos adecuados. Sobre todo se recomienda que si no se pueden levantar cargas muy altas, se tomen descansos muy cortos para poder estimular todas las fibras musculares en lugar de dejar descansar las que se ejercitaron y volver a usarlas. Aún así, si que es cierto que hay rutinas que aceleran la ganancia de masa muscular, y sí, son rutinas de pesos elevados. Se recomiendan sobre todo las rutinas de **Full body** con **ejercicios compuestos** [Sentadillas, dominadas, peso muerto, press militar, press de pecho (banca plana o inclinada), remo con barra, etc...] o rutinas de pesos ascendentes, como las típicas 12, 10, 8, 6 repeticiones elevando el peso tras cada serie, o una combinación de full body y pesos ascendentes.

¿Qué son los ejercicios compuestos?
- Ejercicios que requieren el uso de otros músculos para su ejecución, en lugar de aislar el musculo que se desea trabajar. Por ejemplo, podemos hacer peso muerto con la intención de trabajar los femorales. Sin embargo, además

trabajaremos con las pantorrillas, glúteos, espalda baja y otros grupos musculares que ayuden en la tarea de levantar la barra del suelo y mantener la estabilidad en el cuerpo.

¿Las abdominales ayudan a reducir la grasa del abdomen?

- NO. No existe una forma que no sea cirugía (liposucción o lipoescultura), inyecciones de L-carnitina u otros métodos agresivos que reduzcan la grasa de manera localizada. Tu mejor método sin cirugía ni inyecciones será la reducción de tu consumo de carbohidratos. Aún así, recomiendo hacer abdominales para que cuando logres tu meta de bajar tu grasa corporal, la hipertrofia de tus abdominales sea evidente y tengas un abdomen mas definido.

¿Qué tipo de ejercicio necesito para moldear el cuerpo?

- En el fisicoculturismo (estético, competitivo, fitness, physique, etc...) quienes entrenamos debemos trabajar varios tipos de fibras musculares, y para ello es necesario realizar diferentes tipos de ejercicio, tanto de fuerza como de resistencia, con intensidades variables, tanto rápidos (explosivos) como lentos. Así que no es raro ver fisicoculturistas ganar competencias de ambas categorías (fuerza y resistencia).
- Cuando ves en internet videos sobre fisicoculturistas diciendo que es necesario cargar demasiado peso, y luego otros

diciendo lo contrario, ambos te están ocultando parte la verdad, y es que ambos realizan ejercicios de fuerza como de resistencia.

¿Cada instructor tiene su librito (método)?

- Si. El problema (SIN GENERALIZAR) es que muchos instructores, aún egresados de carreras de educación física, terminan basando su teoría en el conocimiento disponible en internet, sin discernir qué de eso es cierto, y qué de eso se creo simplemente con la finalidad de hacer contenido. Lo mejor es informarse técnicamente (con libros, no blogs) y por medio de la experiencia. Conocer el sistema musculo-esquelético, los músculos y tendones empleados en los movimientos del cuerpo, el tipo de movimientos, los limites de las articulaciones, la nutrición (mínimo saber distinguir las calorías de los carbohidratos porque usan esas palabras indistintamente como si fueran lo mismo).

-        Aún con lo anterior, también hay áreas de especialidad que no todos dominamos. Por ejemplo hay quienes son expertos en anabólicos y en hacer crecer el cuerpo a niveles sobrehumanos, y otros que no tenemos idea del uso de anabólicos. Expertos en ejercicios cardiovasculares, en deportes específicos (box, futbol, basquetbol, béisbol, atletismo, etc…) , en ejercicios explosivos, pliometricos, en rehabilitación, y un larguísimo etcétera.

- Si tienes duda sobre que tipo de instructor elegir, elige uno que tenga un cuerpo similar al que deseas o que tenga bases teóricas solidas para aconsejarte y guiarte hacia tu objetivo. Además es importante que explique la forma correcta de ejecutar los ejercicios para mejorar su efectividad y evitar lesiones, y que te motive y cuide durante tu sesión de ejercicios.

¿Cuáles son tus ejercicios favoritos?
- Sentadilla (piernas), peso muerto (femoral, glúteo, pantorrilla y espalda baja), Elevaciones de pelvis (glúteos), Curl con mancuerna (bíceps), press de banca plana (pecho y hombro), remo con barra o mancuerna (espalda, especialmente musculo

dorsal y trapecio), dominadas (espalda), Push down (triceps) y elevaciones laterales (hombros). Básicamente son los ejercicios con que hago full body o con los que pienso que debería empezar una rutina completa.

¿Pesos libres o guiados?
- Libres. Ayudan a trabajar mas músculos al mismo tiempo, además de reducir el riesgo de lesiones, porque permiten la adaptación natural de los músculos, tendones, huesos y articulaciones a un movimiento especifico.

¿Barra o mancuerna?
- Depende. En ejercicios como press de banca plana o inclinada, da gusto ver como cargamos discos

enormes, pero también es bueno utilizar mancuernas para corregir diferencias de fuerza entre un lado y otro en los pectorales y músculos involucrados. Básicamente, para no cargar con mas fuerza de un lado que de otro. En press militar, lo mismo.

- En Curl de bíceps si prefiero 100% las mancuernas a las barras, no importa si hablamos de barra plana o zeta. Por experiencia propia y ajena, se que muchas de las lesiones en tendones (aponeurosis y ligamentos) y articulaciones, se dan porque esos tendones y articulaciones debían cambiar de posición para hacer mejor el movimiento, pero por estar sujetas las manos a una barra, no pudieron y terminaron lastimándose.

¡Espero que este manual te haya servido y logres todas las metas que te propongas!

Para mas información, suplementos, rutinas o dietas personalizadas, contáctame al correo:

academy.aris@gmail.com

O visita mi cuenta de Instagram y envíame un mensaje privado:

https://www.instagram.com/arisfitness91